Die LYRIKEDITION 2000, begründet von
Heinz Ludwig Arnold, wird von Norbert Hummelt
herausgegeben

Das Buch

Jan Kuhlbrodts Gedichte sind geprägt durch das Leitmotiv Sprache als Barometer seelischer Zustände und die biografischen Wurzeln des Autors – die »rekultivierten« neuen Bundesländer. Dabei ist die Sprache für Kuhlbrodt nicht nur Organ und Stoff, sondern zuweilen auch ein eigenständiges Wesen. Es weht Zweideutigkeit durch diese Texte, und hin und wieder blitzt der philosophische Hintergrund auf. So schafft Kuhlbrodt, den Zauber der Poesie zu wahren.

Ein schönes Debüt mit vielen sorgsam ausgewählten Blättern, die ein Verzeichnis und eine Bestandsaufnahme sind.

Der Autor

Jan Kuhlbrodt, geboren 1966 in Karl-Marx-Stadt, studierte zunächst Politische Ökonomie in Leipzig und schließlich Philosophie und Soziologie in Frankfurt am Main. Von 1997 bis 2001 studierte er am Deutschen Literaturinstitut Leipzig. Vorübergehend arbeitete Jan Kuhlbrodt als Lehrer in einem Projekt für straffällig gewordene Jugendliche und als Antiquar.
Er veröffentlichte Lyrik in Zeitschriften und Anthologien (u. a. Jahrbuch der Lyrik 2005 und Jahrbuch der Lyrik 2006). Außerdem: »Lexikon der Statussymbole« (2001), »Platon und die Spülmaschine« (2002), »Im Spiegel bin ich jung« (2002).

Jan Kuhlbrodt

Verzeichnis

Gedichte

LYRIK
EDITION
2000

Weitere Informationen über den Verlag und sein Programm unter:
www.lyrikedition-2000.de

Bibliographische Information Der Deutschen Bibliothek

Die Deutsche Bibliothek verzeichnet diese Publikation in der Deutschen Nationalbibliographie; detaillierte bibliographische Daten sind im Internet über <http://dnb.ddb.de> abrufbar.

© 2006 Buch&media GmbH/LYRIKEDITION 2000
Umschlaggestaltung: Buch&media GmbH, München
Herstellung: Books on Demand GmbH, Norderstedt
Printed in Germany · ISBN 3-86520-171-7

Sprechstörung

Epistemische Gedichte 1

»... nicht also, daß ich auf eine bestimmte Art begrenzt bin, sondern die Art dieser Begrenztheit selbst, ist das Unerklärbare.«

F. W. J. Schelling

WAS WIR ALLES DURCHGEHEN LIESSEN
Als Kunst und war nicht die Heckenschere
Viel schöner als Rosen damals die reckten
Die Kelche Schnitt neue Szene die Halme
Wirkten komplett und wie wir
Nicht traurig darüber was Wasser
Dem einen ist dem anderen Oel wie drapiert
Lagen die Blüten im Sommer das Lied
Und ganz Bulgarien weinte.

o. T. 1

Das ist ein Film brüllte einer
Als sich der Mond zerteilte
Ich aber wusste:
Es war nicht einmal eine Sehnsucht.

Kommt darauf an

Sie zu ertragen warten
 die Brechstange
So bodenlos transparent auch
 die Stimme
Eines Offiziers hatte ich fast
Vergessen bei zehn Grad
 unter Null und mit kurzen
Feldspaten suchen wir nach dem Wort
Das nicht nach Staub schmeckt
Und der Wasser wollte sah
Sich vor der Frage, was das denn sei.

GEFILTERTE FREUDE WIRD SCHAL
Wie Zorn gefiltert
Schal wird.
Was kann ich denken?
Die Straße kennt mich
Aus Büchern und auch
Die Wolken sind schon gemacht.
Was für eine Zigarette
     Ach, welch ein Wein!

Der Traum vom Entschlüsseln
Eine Sammlung von Texten ist kühl
Der Stein wo Wasser rieselt erscheint
Und nicht nur der Schmerz eines Stiches.

Und siehe
Und fühle
Und höre am Abend
Und steigt es verbrannt aus den Gärten.

Die Worte nach denen du ringst
Noch ist nicht die Sprache
Kommt der Gedanke aus Höhlen.
Erinnere Dich!

HERKUNFT

... wo meine Sprache endet.
Die Luft zwischen den Lippen
Die Welthaubitze
Im Einkaufswagen
     Kaskaden
          Worte wie
Schneepflug
     und Zweifel am Beischlaf.

Mutters Brille im Garten
Das Wiederkehrende
     Laubwerk
Im Bottich ein Hausaufgabenheft
Die Sprache als Stimme
Und Vorstellung und mit den Worten
Nicht in Einklang zu bringen.

Die Anatomie/Das Erkennen

Der Gedanke nur diese
Wendung des Kopfes und ohne Zwinkern
Da sie sich senken verglühen
Sofort musste ich blinzeln. Und
Musste es wissen
    Dass du
        eine Sprachverletzung
          bist.

Meter für Meter.
    Ein Kriegsherr
        von der Anhöhe aus
Standen sie alle
    verzeichnet
        mein Blick
Um die Birken und Pappeln
    und Mineralien
Dass du sie
    unterscheiden konntest.

Die Masken die Schrift und kommt
Noch immer ein Wort
Weil Lesen
Mehr ist als Denken und weniger

Nahbar

Die Wendung ein Laut
Die Erscheinung
      Pulswärmer, Boten, Fraktale
Ein Strickmusteruniversum.

Suche nicht hoffe
    sie spricht
Und sie trägt keinen Namen
    ist das Wort dafür

Nicht gesprochen. Der Anfang
Noch gar
 nicht erfunden.
Die Handschrift
Kopie.

Immer schon aufgestellt
Stückwerk bezeichnet
 die Landschaft
Dinge
 nannte ich Schatten
 Gesichter und Formen
Heißt schreiben und ist erkennen.
Und im Erkennen verschweigen.

Das Wortimplantat. Deine Augen.

LANDEIN

Der Rücken, die Schwierigkeit
Sich zu wenden im Herbstlaub
Salzgeruch
    harte Nadeln
        und Horizont
Füße im Sand
    die Schwestern
        die Schuster
Windflüchter allesamt.

Verneige ich mich und verlange
Nicht einmal das
Abbild einer Erklärung
Und der den Beruf hat
Schreibt seinen Dank in die Seen.

Im Land das Bekenntnis
Vergeben
    Verlangen
        und immer
Die Bilder
    Gesten
        und Uniformen
Alles in Augenringen.

So dacht ich und weiter
Und ging mit in den Herbst
Der an Hoffnung einiges
Für mich bereithielt und ging.

Der Winter, mein Lieber, steht keinem
Ins Gesicht geschrieben

Die Überschrift

Sauerstofftherapie
    und der Umbau
Die Narbe
    schon gar nicht mehr sichtbar
Im Äther. Die Industrie
Im Gelände
Bauern als lebendes Schutzschild.
Verlässlich.
    Please fasten your seatbelts!
        No smoking!

Und überdies Kauen und später zum Mond.

Und Kandidat B. fährt
    vierhundert Mark ein.
Damokles! Zwischen den Lippen
Die kalten Hände. Mon Coeur.

Reisefieber

Auf einem der Wege im Rucksack die Flaschen
Ein italienisches Läuten kein Stern und kein Fremder
Alle am Bahndamm zwischen Meer und Gebirge
Kauf Rosen, beeil dich, Kauf viele

Und Rom erhebt sich in strömenden Regen

Wie Filmkulissen. Patrizier
Streben der großen Halle entgegen
Und ich auf einer gezimmerten Plattform.
Jetzt Löwen.

Die Arme gewinkelt, ein Brustkorb
Aus Eisen, Blätter und Wasser im Kreisel
Schwalben und Sonne, die geht
Und diese Taschenlampe mit Flachbatterie.

Doch wir kümmern uns nicht um die Kreuze.
Und via Rom strandet das Denken
Im Zeitsand und lästert

Der muffigen Wohnstadt und Herkunft
Ragt aus den Löchern im Boden
Zur Wetterseite hin dunkel und
Am Rande mit Schimmelbewuchs.

Hier wird viel gesprochen und alles
Bewahrt und getrennt voneinander
Durch mannshohe Hecken Hibiskus
Eukalyptus Bäume, implantiertes Gedächtnis.

Und vor dem Aufenthalt werden nicht enden
Die Geräusche, die Schritte und Blumenverkäufer
(Kauf Rosen, kauf Fremder, kauf schnell.)

Und der Zwang, sich zu verbergen. Die Wahl
Der Maske fällt leicht aus.
Und überall ist man zu Hause. Kauf Rosen
Kauf schnell, denn morgen gibt's neue.

Und ich wollte doch weg.

In Begleitung immer

Dieses Licht eine Frechheit
Die Blaupause seiner Gedanken
Heller als Wolken. Der Name
Eine lang schon beschnittene Hecke.

Die Durchschrift grenzt an Erfahrung
In den Händen. Ein frisch überzogenes Bett
Auf dem Schreibtisch der Schädel des Freundes

Und dieses anhaltende A
Und O und waren wir uns
Über die Schwingung der Arbeit
Noch gar nicht bewusst in diesem Moment.

Bruno oder Von dem Einen

Wie heißen die Blumen
Am Campo dei Fiori?
Am Fuße des Denkmals
Stinkt es noch immer
Nach Nelken und Fisch.

Riecht etwas verbrannt.
Und im besten Fall schon verbraucht
Das Jahrhundert. Das Klirren
Der Spaten. Das Singen
Der Wasser. Die Maße der Tage.

Die Finger gespreizt und Engel
Mit Kugeln am Bein und im Blick
Ich stehe und zähle als hätte
Die Zahl einen weiteren Sinn
Und ich vergleiche die Steine:

Um Gelassenheit bitten!

Ex Archia

I

Wie weit wir doch von der Welt entfernt sind
Die Schmerzen im Knie unbestimmt und ich weiß
Wenn ich hinter mich blicke nicht einmal
Über welchen Stein ich eben gestolpert bin.

Das Bild
     Bild vom Bild
          der Klang
Und irgendwas holpert
     künstlich Schikanen.

Geräusche
Noch nicht getrennt.
Kein Satz
     der zitierbar wäre.

Geruch
     und Geschmack
Gegen die Wand.
Das Wasser im Glas ein Nebel
     mit Schlieren.

Die Töne, mein Lieber. Geräusche
Bis zur Wirklichkeit dämmen.
Ein Vorgang außerhalb der Geschichte.
White Noise. Am Nachbartisch

Leute mit Büchern
     Gedanken
          als Ware.
In Zeitungspapier eingeschlagen
     die Ware als Wache.

2

Als hörte ich die Welt, sagst du
Zum ersten Mal. Stimmen und Instrumente.
Vereinzelt Motoren in der Fußgängerzone.
Frischfisch und Brote und Flaschen
Gegeneinander. Dinge
Des täglichen Bedarfs. Abends drängen
Durch das verschlossene Fenster
Die Autoscheinwerfer ins Zimmer
Schatten über dem Stuck.

3

Was endet
    an stillgelegten Gleisanlagen?
Die Restlaute Explosionsverwehung
Stimmen des Krieges
Geschichte in Obertonwelten.

Zwischen den Buchstaben lesen.
Als schöpfe die Sprache
    aus dem Vollen
Den Wolken, ein Arsenal
Wendung, Semantik, Gefühl.

Abspachteln, Zahnschmelz, am Nebentisch
Stimmengewirr griechisch, sagst du
Und musst es ja wissen denn du
Trägst einen Reiseführer in deiner Tasche
Und kennst dich hier aus.

Nachtrag

Die Bücher liegen ungerührt, alte Tapete
Ach Liebste, wie viel liegt mir an dieser Sekunde
Ein Alibi. Hammer, der Kopf und die Wand
Putz, Mörtel, Ziegel und Restrauschen.

Ziegel Putz Mörtel und durch die Tapete
Durch die Farbschicht ein gedehnter Vokal
Eine Raufaser-Anomalie, Geschichte
In Obertonreihen. Dazwischen die sieben
Arten Konsonanten zu bilden.

Ein Kratzen
Ein Zischen und Krächzen, Röcheln und Hauchen
Und Schnalzen, ein Schaben. Die Töne
Zu Wirklichkeit dämmen. Und Rauschen
Zu Worten nicht mehr getrennt.

Kindhaftes Lauschen.

o. T. 2

Das Geräuschhafte der Töne
Bei Kino im Untergeschoss.
Das Bild ist
Teppich mit Liebesspuren
Auf dem Parkett
Kaum zu erkennen.

Gegenläufig

Epistemische Gedichte 2

»... aber ein Sturm weht vom Paradiese her...«
Walter Benjamin

SPÜRE EIN LEBEN als ob ich vom Tod noch nichts wüsste
Ein Gewitter im Juni kindliche Furcht vor der Angst
Stört den Empfang und wäscht das Papier
Die Jahrestage von Außenwänden.

An denen sich Wasser sammelt Plakate
Was haben wir im Sommer geliebt unter der Litfasssäule
Rollen Filme Theaterprogramme zurück
Klebrig und bis auf eine nackte Schicht Waschbeton.

WIR HIELTEN DAS TAU
    in den Händen
Knoten und Karabiner
    brauchten wir nicht
Denn der Gang war nicht steil und die Tritte
Federnd, dann hing das Seil durch.

Doch dieses Licht.

Denkt er an Tanz jetzt
    da er dort unten liegt?
An Tanz
    vielleicht ein wenig
        auch an mich.

Die Vortagskapriolen
Wenn er sich dreht
Die Hundsgesichter
Spiegel
Wirklichkeit
    zum Wir-Gefühl
Gewirkt.

Verdoppelt
    Ränder
        Schweigen.

War es ein Zögern
Diese Siegergeste?

Mit bandagierter Hand. Dann ging
Er Schritt
    für Schritt die Stufen
        ohne Zwang
Schon fast
    Ein Schnitt
Der Kellergang
    voll Zuversicht

                und Moder
In den Büchern starker Raucher.

Was haben die
        gedacht gehofft
Und hier verloren in Bananenkisten
Aufgestapelt. Warten.
Lesezeichen

Das Zeitungslächeln
Seite Drei
        der Einstieg
                ins Verborgene

Ist längst schon aufgeschrieben.
Aufgegeben also und vergebens
        bitten wir
                um Einsicht
In die Akten.

Ein Suchscheinwerfer tastet treu
Den Himmel heut nach Nahrung ab.
Er findet jede Hummel.
Am ölverschmierten Helm
Wirft sich ein Schatten auf
Gerät im Chromglanz unter Druck
Bevor er ganz verlischt.

Im Interview.
Die Freunde
        stehen
                zwischen Miettoiletten
Deuten Vogelschwärme
In ein Wehen
        einer singt
Keep on rockin for a free World
In den Aufgang.

Sie gewähren Einlass

Meter für Meter
    an den Girlanden
        der See mich emporzuschieben.
Ein Aal rutscht mir durch die Finger
Meine frei schwingende Hand.
Welch ein Empfang!

O welche Ankunft. Dieses Land
Ist ehrbar noch und wo
Steht hier eigentlich der
Aschenbecher. Wein wird
    in kleinen Schlucken getrunken.
Er liegt
Auf der Zunge als handle es sich
Um ein zärtliches Wort, das jeder
Hier kennt und auch ausspricht.

Sie haben den immer währenden
Kalender längst
    umgedreht. Zu sehen
        eine Bauanleitung
Für angemessene Gedanken
    und Tafeln
Zur Berechnung der Halbwertszeit.

Ein Schnittmusterbogen
Waren die schäumenden Landschaften
    schließlich real
Und auch die Tür mit den neun Klinken
    war nicht meine Erfindung.

Und sie standen in Mänteln
Standen vor einem Regal
    und behielten die Hüte
        gleich in der Hand.

Bücher bandweis eingeschweißt. Das Brett
Echtholzverschnitt. und Jahresringe
Unregelmäßig. Die Schilder
Die Fluchtwege
    und leeren Kleiderständer.

Manche jonglierten Bälle und lernten
Gedichte zu schreiben dabei
Über die Vielfalt des Sterbens und gern
Auch zum Lob der Partei.

Ein Querschläger trifft
Genau den Betrachter, und ich
Vermied es
    Mitglied zu werden
Dieser lässig aufstrebenden Kaste.

Vertrautheit

Als gäbe es diese und keine
      Postkartentexte.
Als gäbe es eine Regie
Und alles sei
(Noch nicht im Wörterbuch
Ein altes Programm und nicht mehr)
Zu verwenden.

Und wie wir die Sprache behandeln

Als gäbe es diese Mütter nicht
Neben den Wäschebergen
      weben sie meine Erinnerung.
Wie wars, ja ganz gut
Und ohne ein weiteres Wort
Wird das Hemd in die Trommel gestopft.

Der Thesaurus
Gefüllt und blockiert
Im Eingang ein Splitter
Ein Meteorit und unsere Hände
Kennen nur Umgang mit Lappen

Die Schmerzen im Wirbelbereich.
Und Maschinen übernehmen
Die schwerere Arbeit.

Wie wir die Sprache behandeln

Fast zärtlich bilden wir Sätze
Um unser Vertrauen, versehen
Um uns zu verstehen
Als gäbe es dieses System
In der Weite mit flacheren Grenzen und Sand

Am Rand und bis zur Wade
Am Ufer im Fluss
    ein Arzt
        Spezialist
            Linguist
Ein Schönheitschirurg.

Wie sorgsam wir doch mit ihr umgehen.

Und seien sie unbesorgt die Sache
Sieht wesentlich schlimmer aus
Der Sprechakt ist hörbar doch
    ohne Geruch
Und vielleicht nehmen wir auch
Hier und da etwas weg und legen
Ein wenig Besseres an und

Genesung es klingt
Nach langer Erkrankung.
Von allen Leiden erlöst.
Die offenen Hautstellen.
Die Magermilchprodukte und
Worte des Jahres.

Und wie wir die Sprache behandeln

Als gäb es ein Hahnentrittmuster
Im Wortwitz als wären die Schatten
Schatten von etwas. Als gäbe es
Liebe. Als gäbe es jenseits
Der Sprache ein Jenseits.

Und einen Flohmarkt für Worte
Auf Sprachmüllkippen
    Organe
        zu Haufen
Ausgediente Klangkörper.
Das Stück für Cent 99.

Und wie wir die Worte besetzen
Mit Stiefeltritt im April.

Und könnte das alles ein Trick sein.
Der seinen Zauber schon lange
Verloren im Blick und
Im Bewusstsein begraben.

Die Kinder spielen Gummitwist.
Die Stimmbänder haben sie
Um die Schenkel gelegt

Frisches Gras

Wo die Stadt auf den Wald trifft
Die Männer und Frauen lassen
Die Hunde bei Regen nur kurz
Aus dem Wagen und auf
Die Wiese und bleiben gleich
Sitzen bei laufendem Motor und ziehen sich
Im Spiegel die Lippen nach oder ein Bein
Wenn das Tier dann doch nicht zurückkommt.

Wie Sprache
Das Gras.

Als wäre ein Sinnsog im Rauschen.
Ein Strudel der alles verschlingt
Und an anderer Stelle wieder
Hervorbringt.

Ausübung 1

Die Diagnose unterwandern
Und Symptome adeln. Ich
Sitze am Computertisch
(was mir das Mindeste) und lasse
Meinen Cursor tanzen. Dann
Wenigstens ein Blick
Der alles flachlegt Rhomben
Und Zylinder Gärten Wasserhäuschen
Kunstportale Spielereien
In drei D.

Wie
Langsam sie verschwinden und
Aus der Fläche wächst ein neues
Universum welches dieser Welt
Erstaunlich ähnlich sieht.
Die Farbe lösen, Schicht für Schicht
Hält sie noch immer
Was versprochen war
Begraben.

So weit mein Trost mein Drehstuhl
Ergonomisch er erlaubt es mir
Zum Tanz des Cursers leicht
Zu wippen.

Ausübung 2 (Paralleluniversum)

Was wäre aber wenn wir Nein sagten
Mit großer Geste und dem Krankheitsbild
Entsprächen nicht erst lange
Überlegten und darin
Unsere Bestimmung sähen.

Mit dem Stuhl ein wenig abzurücken
Mich zu drehen und das bleibt
Mir und das habe ich
Dem Käuzchen voraus
Das ich durchs offene Fenster höre.

Was wäre also wenn wir Nein sagten
Nein zu den Vögeln und Katzen.
Der sonnenbeschienenen Mauer
Den Mietrückständen und
Den schon verfassten Gedichten
Mit dieser Restwärme im Rücken.

Was wäre wenn wir all dies negierten.
Und auch die Nachrichten veleugneten
Die durchs offene Fenster dringen.
Wo eine Tür zum Garten oder haben wir
Die Drohungen der Mütter Väter schon
In unsern Wortschatz übernommen stehen

Breitbeinig am befestigten Ufer und halten
Ein Tau in den Händen und schütteln
Heftig den Kopf wenn es spannt.
Und die Restwärme geht von uns aus.

Ausübung 3
(nach einem Wandbild von Oliver Kossack)

1

Die Ränder der Menschen sagte ein Freund
Begännen in der Nähe hoher Berge
Zu oszillieren.
Und immer wenn er dieses Phänomen
    beobachte
        warte er auf sein eigenes
Verschwinden aber
Die Ränder der Menschen oszillierten
Eben nur sie lösten sich
    nie gänzlich auf.
Das Verschwinden also sagte der Freund
Würde angesichts hoher Berge
Nur angezeigt.

2

    zitternde Zeilen und eine Bewegung
Die alles umkehrt
Verzweifelte Geste gegens Gesims
Die Handschrift des Malers
    einen Moment lang
Den Abriss verzögern
    einen Moment lang
Sinn in der Mauer als läg in der Geste
Wider Erwarten ein Rest
Widerstehen.

Eine Bewegung die alles wegwirft
Und übersteht
    ein Handtuch
        ein Boxer

3

Vielleicht sind ja diese
Auflösungserscheinungen in der Nähe
Hoher Berge ein Zeichen
uns eingeborener Vernunft.

Historisch gesehen

Dass er gelebt hat kein Zweifel und auch
Dass er starb ist gewiss doch
Wie zog am Auge dieses Sterbenden
Das Leben vorbei als das Kino
Noch gar nicht erfunden war.

Stehen wir ratlos im Dunkel
Und wissen nicht wohin
Mit den Bildern. Der Vorhang
Bedeckt das Fenster. Und Projektion ist
Ein Vorgang zu dem uns das Licht fehlt.

Die Spur verliert sich
Im Gras der Asphalt. Er
Wollte ein Licht sein

Doch da war keine Lücke kein Loch
In der Zeit kein Gedächtnis und Ausgang
War überliefert. Einzig eine Notiz:

Eine Notiz ohne Datum.
Ein Ausriss auf dem Boden des Kontors.
Die Taten
    so heißt es
        sind Zeichen und
Als solche
Vermerkt, zusammengefegt

Und ist nicht nur Gott
    der hinterlässt
        eine Narbe
Im Meer so groß wie er selbst?

Ein Blick und das Kino
Noch lang nicht erfunden.

Ergibt nicht eine Sequenz
    an Tieren und Menschen
        beschränkt sich die Zeit

Da kann man es drehen und wenden
Die Welt in der Lupe ein Punkt.
Und in der Grammatik erstaunlich
Viel Passiv.

Auf Bildern mit mir

»Ich nenne mich ich, und dich du; du nennst dich ich, und mich du: ich liege für dich außer dir, wie du für mich außer mir liegst.«

J. G. Fichte

DU SEIST SAGTEST DU AUF **B**ILDERN MIT MIR
Nie zu erkennen gewesen. Und
In der Teeneige glänzt
Ein zerstückelter Ölrest
In dem sich das Fensterkreuz spiegelt.

Die Notiz auf einem gelben
    Klebezettel
Schreibutensilien und Spachtel.
Ankomme Freitag
Dein Gesicht auf den Fotos
Mit Edding umrahmt.

Als wir von Geduld sprachen
Als wir von Papier sprachen
Als wir sprachen ohne einander
Zu unterbrechen wussten wir
Noch nichts von den Abläufen.

Uns war das Wort Frist
Von geringster Bedeutung.

Durchs Fenster sahen wir Fenster
Über dem Hof hinter den Bäumen
Und Lichter im Garten
Die uns Bewohnbarkeit signalisierten.

Den Gebrauch von
    Gegenständen
        von Luft und
            von Sprache.

Nuancen hast du gesagt
Feinheiten nur und auch die
Werden vergehen.

Nur keine Fotos.

Der Gebrauch von
Besteck
   von Blütenessenzen
      und Worten

Ich habe dich heimlich
Aufnehmen müssen und du
Hast vor meinem Kalender gestanden
Und hast genickt.
Wann geht etwas zu Ende?
Du: Immer. Ich: Nie.

Doch der Gebrauch hinterlässt
Kratzer am Tischbein
   und Teilchen werden verweht
Und gehen nicht bleiben und gehen
   in anderes über.

Was wir nicht erkannten
Blieb unerkannt aber es blieb.

Du hast lange vor meinem Kühlschrank.
Gehockt als würdest du beten
Doch du mochtest das Licht nur
Und den Essiggeruch dein Vertrauen
Mochte ich haben und deine Geduld.

Verluste sind nicht zu vermeiden.
Ankomme Freitag.

Der Zettel aber er klebt noch
Und hinterlässt überall Spuren
Kleine Reste Gummierung die werde
Ich Stück für Stück einsammeln morgen.

Allein schon die Vielweiberei, hast du gesagt
Ein Anflug von Kommunismus
Konnte den Schmerz nicht verdecken.

Ich habe
    am Bahnhof gestanden
        hatte Blumen gekauft
Und Kaugummi.

Der Gebrauch und diese Worte entlassen.
Auch das geht vorbei.

Zwei Tage mein Zimmer gelüftet
(Du mochtest den Rauch
Nicht, der überall hing
Sich in den Büchern verfing.)

Man riecht meine Anwesenheit.
Man riecht dass du rauchst.

Die Birkensamen vom Wind
Hereingeweht und zwischen
Die Blätter gelegt ich führte
Zu deinen Besuchen
Das Tagebuch eines Forschers.

Gib den Film her. Zu spät.

Natur, sagtest du, kalkuliert nicht.
Und ich habe allerhand aussortiert
Mit zitternder Hand notiert auf einem
Gelben Klebezettel: Ankomme Freitag.

Wie viele Fotos doch mein Gott
Ein Aschenbecher fasst und
Das Fenster steht immer noch offen.

Nach der Nacht

Klang über Stoff
    Balken. Vornüber.
Stimme ich
    zu und wische
Kuchenkrümel vom Tisch.

Tritt Tag an und mutig
reckt sich
Das Knie in die Sonne.

Im Schrank
    hockt und betet
Ein alter Gelehrter.

Und der Vorhang
    bewegt
Einen Schatten
Auf einem einzelnen Schuh

UND WAR
Sehnsucht nach Glauben
Über dem Hügel
Dünen und Spuren
Rollende Steine
    verwischt nun
        vermischt mit den
Bärten, die durch Tische wachsen.

Dabei weht gar kein Wind
Und der Sand
    wie es scheint
Bewegt sich aus eigener Kraft.

Lauf um dein Leben
    lauf in dein Land
        und vergiss
(Nicht das Wasser und nicht die Geschichten)

Und niemals
    die einzelne Taube
        die auf dem Balken dort saß
Als könne sie sich
    mit Zweigen bedanken

Eine Wasserdampftaube
Ein mechanischer Vogel
Und weitab vom Meer
Imitierte er kehlige Laute

Wir hatten hoffen gelernt
Lange bevor wir lernten
Zu wissen und zu vergessen.

Die
    seltsam
        vertraute
Himmelsmechanik:

Es ist ihr Vermögen und
Der warme Schreck
Als hätte ich
    zum ersten Mal
      (eine unbedachte Bewegung)
        deine Scham berührt.

Dabei weht gar kein Wind
Und der Sand, wie gesagt
Bewegt sich von selbst.

Wir schlagen, sagst du
Der Schwerkraft ein Schnippchen.
Und ich
    taste
      nach meinem Werkzeug.
Dabei führt mir schon lang
Eine Ameisenstraße über den Fuß.

DIR ZU GEFALLEN HALTE ICH LANGE
Meinen Zeigefinger in die Flamme
    der Kerze.
Du hast eine Wimper verloren
Sie landet und wie
Das Härchen im Feuer sich krümmt
Und dann auffliegt.

Nimm Creme, sagst du. Und ich
Hatte zum Glück diesen Tag
Lang geübt
    keine Mine zu verziehen.

Epiphanie

Ein Junge war und zog sich
In einen Satz zurück
Ein Schneckensatz. Der Aufbau
Filigran und auf dem Wandschrank
     eine Sonne. Buchenholz

Die Augenklappe
War verrutscht, er konnte also
Tiefe sehn. Und musste es.

Und zog.
In bunt bedruckten Leinenhosen seinen Weg.

Du dachtest
Es sei Gott
Doch nur
Ganz kurz.

Die Bilderfetzen.

Da er so ging, und trampelte.
Und lose Blätter
     zwischen Rosenstöcken
         wirkten frisch.

Der Versuch dich
Zu erinnern
Dieses Mal
     die Sprachverweigerung.

Dein Dudenwissen plötzlich
Steht es ohne Grund
     am Himmel.

Chaostheorie, sagst du.
Fraktale.

Und du kennst das schon
Und gehst.

In Gründerzeit
Ganz sorgsam über
Abgeschliffne Dielen
Durch eine lange Unzufriedenheit.

Die Tür. Die Maske. Der Abschied.

Hofft sie
Der Gehalt käme wieder
Und deine Gestalt in anderer Ware
Dein Gesicht deine Glieder
Und darüber hinaus
Das Unvermeidliche:
Treffen wir uns?

Ich aber lege
Als ob dies der einzige Satz wär
Der jetzt uns Rettung verspräche
Vom Leben ab
Und stückweis auch
Vom Leben der Andern.

Und einer drückt mir die Hand
In den Schnee. Ihr Abdruck.
Zerrinnt viel langsamer als ich
Erwartet hatte bei Randtemperaturen.

Eine Vase im Gras.
Daneben die Blumen.

Aus dem Gebirge

Tag für Tag 40 Betten
Sekretärin mit Headset
Und weit über NN
      eine Hoteltür.

Veranda und Holzbaufassade
Schroffe Gipfel und Wendungen
Ameisen, Staaten und wellendes Land
Und das Gelbe darunter.
Die Erde
    kaum zu verkraften.

Wir haben in Wehen gelegen
Und du hast gesagt, wir werden
Das überleben und hast gelächelt.

Der Schatten
Einer Sumpfdotterblume
    bleibt immer
        ein Schatten. Fernab
Von jeder Idee mäandern
Die Straßen
Der Weg durch den Schnee.

Die Spuren eines vereinzelten Kindes
    nach Jahren noch
        ein kristallines Gedächtnis
        im Dauerfrostboden.

Memoboard, thinkpad
Hier siedelt er wieder, der Luchs
Weil wir weit genug weg sind
Und Hecken ihn schützen.

Rückkunft

»... die Zeit aber ist gleichzeitig überall und bei allen; folglich ist die Zeit weder Bewegung noch Veränderung.«

W. von Ockham

$E = MC^2$

Als Kind war es mir
    nicht vorstellbar
Wie viel Kraft in einem
    Sandkorn steckt.
Jetzt bin ich
    seit Jahren schon
Blind fast.

WIR (WOLLTEN PARTISANEN SEIN)

Und immer wieder die Spur
    zwischen den Bäumen
Bruchstücke
Gerollte Blätter
    als wollte der Wald mein
    (gestautes Vermögen)
Freund sein und mich
    mit Worten bewirten
Eiskalt!

Doch meine Knöchel
    im Stoff
        aufbewahrt
            als stünde ich noch
In der Schlange am Mausoleum

Ein weißhäutiger Greis in Vaseline
In guter Verfassung in Blättern
Und nichts gemahnt an den Werktag
Den Winter werden wir in diesem Land

Nicht übergehen
Und die Fahnen
Und immer weniger tauglich
    als Gast.

Ein älterer Mann
    lässt Kinder vor.
Kriegsveteranen
    hoch dekoriert.
Am Tor. Das Defilee

Vorbei an der EWIGEN FLAMME.
Vorbei und weiter, ich esse
Moskauer Eis im Gehen
Das gibt es jetzt wieder.

Vorbei an
     den Werbebannern und

Ich kenne die Vögel
     weiß ihre Namen
          (aus einem Handbuch)
Und Schussfeld vor Deckung
     (ein anderes Handbuch
          gilt immer)

Worauf sie bis heute noch warten
Von Bäumen
     von Balken
          geschnitten liegen
Und singen Gelehrte
In einer mir vormals
     vertrauteren Sprache
          vergleichsweis gering
Und unaufhaltsam.

Ein Rest Risiko.

Einer ging fort und ich hatte
Es mir ganz anders vorgestellt.
Wie ein Zugunglück eher oder ein Autodafé
Nun prallen Luftballons gegeneinander
Und Einkaufstüten wehen vorbei.

Familien im Gleichschritt
      und in Cellophan verpackt
Ein asiatischer Kampffisch
Wird vorüber getragen.

Der geht seinen Weg.
Der wird es schon machen.

Parkplatz Endzeit die Stimmung
Im Eimer. Und überall riecht es
Nach Frittenöl und Pappkartons
Und Mütter in Nylonschürzen
Wiegen die Köpfe.

Was hat uns nicht alles verbunden.

Wir aber haben zu lange gewartet
      und Augenaufschläge verzögert
          und Anfänge einstudiert
Und nun verweigern Straßenbahnwagen
      den Zutritt.

So geht es den Onkels mit Blumenbuketts
Am Kindergeburtstag. Sie stehen.
Eine Hand hinter dem Rücken
Versteckt ein Schlüsselanhänger in Plastik
Gegossenes Edelweiß oder eine Libelle

Und du sagst: Komm!
Und: Er hat ja schon alles
Und zeigst auf meine Sandalen

Ich aber kicke als gäbe es hier
Für mich nichts andres zu tun
Die letzte Coladose die hier noch herumliegt
Quer über
Die Straße in ein anderes Land.

Wenn es da Mitspieler gäbe, sagst du.

REKULTIVIERT
»The space is the place«, Sun Ra

Auf einem Drehstuhl
Mitten in der Kohlengrube sitzt
Ein Mann den ich hier nicht
Vermutet hätte und er hält
Im Arm die Mütze mit den sonderbaren
Kleinen Flügeln schirmt die Augen
Ab viel Sand der rieselt
Aus der flachen Hand ihm und zurück.

Die Gegend und der Stuhl
Die Abraumhalde.

Ein Schichtenflöz die Jahre kaum
Noch zu erkennen und begraben liegt
Man hier recht unruhig und
Womit heizt man heute fragt er
Oder ist hier immer Sommer

Man sollte sagt er aus Adressbuchseiten
Dampfer falten und er wischt
Den Schweiß sich aus der Stirn.

Die Pappeln die man hier gepflanzt
Hat und vergessen
Die Birken sind gekommen
Auch die Flechten in Oasen die Kulturhauskästen
Für den Bergbau Wege waren
Immer provisorisch hier.

Gerettet denke ich die Gegend und die Füße
Schon im Wasser doch der Bote lacht mir zu.
Dass ich die Ohren mir verschließe und die Augen
Und sehen muss dass Landschaftsnarben
Hier vorüberziehn.

Das alles ist Kultur da hilft auch Wasser nicht
Und Briefe flattern durch die Lüfte überm See
Die Enten aufgeregt und schauen sich verwundert um
Die Botenstoffe Bienen sammeln Staub ein Motor
Hält die Luft an derweil Straßen
Immer kürzer werden und zu Orten
Fliehen die schon nicht mehr sichtbar sind.

Und dass er in die Kniee geht wenn ich
Mich bücke und im Staub versinkt
Wenn ich im Kunstsee schwimme
Und die Eingangsschilder
Hängen viel zu tief hier ruft er
Was für eine Welt wohl auf die Sonne
Folgt bevor er ganz verschwindet

Vergessen liegt im feuchten Kohlenstaub
Die Mütze und die sonderbaren Flügel mir
Ist als hätten sie ganz kurz nochmal gezuckt.

Hausmusik in Weimar

Müßig Namen zu nennen obwohl
Die der Straßen und Exponate
Wer wird sie schon kennen
Schädel und Muttermale
Haut Imitate
In allen Farben.

Ein Streichquartett
Ganz in der Nähe
Fast schon erträglich
Es spielen:
Zwei Zwillingspaare
Und beide sind männlich.

So gehen wir noch eine Stunde
Lang zum Ettersberg und reden

Aus alter Gewohnheit.
Geschichte und.
Alles verzeichnet.

Brandmauern müssen
Zwischen den Tempeln bestehen
Oder was damit gemeint ist.
Verstehen.

Ohne den Weg
Zu Verlassen
Der einzige Anhaltspunkt
Der Text in den Gärten

Und die Zwillingspaare
Haben die Bögen beiseite gelegt.
Es brandet
Applaus.

Im Spiegel, im Auto, im Brockhaus.
Wir schlagen die Türen, der Motor
Das Heulen.
Der Wind in Antennenmasten.

Die wir lang schon vergessen
Glaubten. Du bremst, weil ein Igel
Über die Straße hastet, als wärs
Auf der anderen Seite bei Regen
Noch immer am schönsten.

Im Licht
Und auch bei Gewitter, sagst du
Das Auto ist sicher
Und kurbelst das Fenster zu.

Er war uns schon immer
    um Längen voraus.

Der alte Mann am Gartenzaun
Wartet auf Gäste, sagt er
Mit Grillschürze und Bratenwender
Winkt uns zum Abschied
    wie nahen Verwandten.

Dabei hatte er uns auch
Nicht weiterhelfen können.

Und wie lange
Wir schon
    unterwegs sind.
Seit Stunden, für mich
Waren es Jahre.

Ein Einspruch
Die Zeit
Am Wegrand
Vergeht, die Kilometersteine
    bleiben

Der Tankstellenpächter
    schüttelt den Kopf
Als hätten wir
Nach Kleingeld gefragt für den Bus.

Blickschutz. Und
Wieder Bewegung
In kaum einer Minute.
Wir leuchten die Hausnummern ab.

Vielleicht hat er da hinten gewohnt.

Und glaubte den Häusern
     in Fenstern die Sonne
         steht westlich am Morgen.

Das war seine Sache nicht.

Geformtes
Im Schatten
Ins Offene, Freund.
Doch diese Wände
Der Kosmos
     über dem Gartenzaun
Ist übertrieben ruhig, als hätte dort
Ein Greisenpaar genächtigt.

Und wir trinken grünen Tee
Im Hintergrund ein Hund
Mit viel zu langen Krallen
Mit Schrunden am Geläuf und Zecken
Unterm Fell hält seinen
Mittagsschlaf seit Stunden.

Diese Fliegen, sagst du, und
Wahrscheinlich lebt er
Gar nicht mehr.
Ich aber warte am Auto.

WINTER KURZ VOR BORNA
(auf der Reise nach Chemnitz)

Birken und Pappeln und Birken und Stille
Das Land zwischen Weiden ein Schwamm.
Sind wir getrampt hatten wir Furcht
Der Fahrer setzt uns zu früh raus

In Espenhein nämlich aus seinem Wagen.
Und wir könnten im Kraftwerksnebel verhalten
Nur atmen bis der nächste Trabant
Neben uns anhielt.

In schwerer Luft die Wäsche
Die hängen sie auch bei Kälte
Hier raus. Und Haltestellen
Für Schul- und Schichtarbeiterbusse.

Wir waren Studenten und hatten Zeit
Und eine Hand an der Nase mit Mutters
Kariertem gebügelten Taschentuch.
Wir haben wenig gesprochen

Das ist vorbei nun ich nehme
Tempos um in der Bahn meinen Sitz
Abzuwischen. Das Land
Ist rekultiviert
     und der Damm untertunnelt

Zersiedelt
Ein Reisender gegen das Fenster
Ich nicke
     und lege die Zeitung beiseite

Zeichne noch schnell
     in seinen Atembeschlag
          am Fenster ein Loch.

Darin entbirgt sich
    die schönste von allen
        Garagenanlagen der Welt.

Und man ist stolz auf diese Gebäude.
Und jede Tür in einem anderen Blauton
Ruft den Besitzer der steht mit Gästen.
Auf einem Balkon jenseits der Gleise.

Die Wahrheit sagt
Der Mann mir gegenüber er
    hat die Beine übereinander geschlagen
        und hält in der Hand einen Kompass.
Liegt im Detail. Und vor den Garagen
Modern Trabanten.

Schienen

Ich kenne den Stadtteil
Seine Schrift die Funktionen
Und Bürgersteige sind breit hier.
Die Sprache und Schritte
Und irgendwas humpelt
Und holpert als kämen die Kohlen
Noch immer vom Pferdefuhrwerk

Schleppen sie Männer in Säcken
Und Staub im Gesicht.
    schlägt
        in den Dingen
            schlägt um sich
      schlägt an
          wenn ein Fremder.
In Baulücken riecht es nach Gras
Und nach Pilzen

Bricht sich der Rhythmus
Aus Ritzen im Boden
Wächst mir Bekanntes.
Das wächst wie die Hölle
Sagt ein älterer Herr
Zu seinem Rottweilerwelpen.

Und er Kratzt mit dem Stock
Die Schnecken und Triebe
Und Moos aus dem Weg.
Wachsen die Schilder Signale
    Reklame, Verkehr
Und Warnhinweise. Obwohl

Ich schon lange hier wohne.
Finde ich überall kleine Marken
Aus Plastik mit Zahlen

Trigonometrische Punkte wird mir
Später jemand erklären
Und über Straßenbahngleise
Legt sich der Abend und im Exil
Ein Reichseisenbahner
Um Vertrautes zu riechen.

AUFGERÄUMT

Die Kinder sind draußen im Hof und alles hier drinnen
Liegt endlich in handlichen Stapeln und eine Karotte
Esse ich sonst nicht doch jetzt und es könnte
Auch Milch sein die im Aschenbecher verbrennt
Der vierte Entwurf eines Briefes an Fremde

Wohin mit der Möhre wenn der Tischabfall voll ist
Die Miete die Rate die Ratten am Biomüll und überhaupt
Das Kauen im Ohr dämpft im Telefon noch deine Stimme
Da ist es ein unaufhörliches Knacken sagst du

Und wir werden das alles schon schaukeln woher wohl
Diese Zuversicht kommt und wie kommen jetzt wieder
Die Buntstiftschnörkel hier auf die Rechnung den Geldschein
Sogar auf den Rand des Gedichts und die Bilder

Und alles bleibt brauchbar auch mit dieser Bemalung
Du musst es ja wissen denn ich verstecke mich draußen
Zwischen den Bäumen riecht es nach Essig und rauche
Zum letzten Mal in dieser Woche die Letzte.

Martinsfest

Und als mein Lampion brennt
Drückt mir meine Mutter einfach
Eine Taschenlampe in die Hand.

Den Vätern und Müttern ein Land

»Hat der die Gegebenheiten umbildende und überholende Mensch sich erfasst und das Seine ohne Entfremdung in realer Demokratie begründet, entsteht in der Welt etwas, das allen in die Kindheit scheint und worin noch niemand war: Heimat.«

E. Bloch

Eins

Orte aus Pappe Worte
Und Wege
Fallen den Füßen zu
Aus eigener Kraft und die Straße
Zu queren ist leicht hier

Kleinwagen Mopeds
Täglich erneuert
Die Fahrbahnmarkierung
Der Taxifahrer
Aus anderer Welt
    zählte die Spatzen
        die er überfuhr
Und grinst weil der Gurt
Klemmt und die Tür
Als er mich aus dem Wagen entlässt.

Ein fremder Zungenschlag
Soll ich warten?
Sollte er? Doch

Formeln des Abschieds.
Gegen die Scheibe gesprochen
Gegen den Wind

Zwei

S-Bahnstationen und Gleise
Die hinter Buschwerk verschwinden
Zähes Kraut zwischen Schotter. Das Land
Wird immer wieder bevölkert.
Die Wurzeln graben sich ein
Neben Wurzeln.

Vom Wilden Meerrettich
Und von Beifuß

Ein vergessener Staubmantel auf
Einer lang nicht gestrichenen Bank.
Ein Abfahrtssignal, die Kelle halb offen.
Rost an den Rändern.

Worte wie Zäune
    um mich
        zu erwehren
Kartenhausworte
    um mich
        zu verbergen.

Einsturzgefährdet
Einen Moment lang.

Ist alles alt hier
Erneuert Gesichter
Gezeichnet
Vom Warten von Worten
Die wir nicht teilten
    aber behielten.

Welten gekrümmt
Zwischen zwei Punkten
Der Rücken ist jetzt
    die kürzeste
        Verbindung.

DREI

Ein Flügelschlag, Sommerstaub
    Wehen
        Gestammel, Gesumm
Hummeln und Heuschrecken
Grillen, die man nicht sieht
Die aber laut sind.

Mit siebzehn hatte ich sie
Zikaden genannt und mich
Nach Süden geträumt.
In ein Land
Wo Partisanen leben
    und im Sommer
        das Meer herrscht.

Einer der Falter erinnert mich
An einen Kolobri
Ist wesentlich größer als die
Ich von früher her kannte.

Der ist erst neulich gekommen
Erst in diesem Sommer, sagt eine Frau
Die ich auch noch nie sah
Schwebt er am Fußgängertunnel.
Zwischen Eimern mit Blumen
In Grundfarben Plastik.
Der wird wie es aussieht
Den Winter hier nicht
    überleben.

Vier

Worte
Bestehen aus Luft
Wenn wer sie spricht und aus Tinte
Wenn jener der spricht
Sie auch liest
Und vergisst.

Wir sind mit Rucksack geboren.
(So die Legende
An die Waschmaschine gelehnt
    erzählen sich Mütter.)
Und wir haben es gerne geglaubt.
Wir wollten Nomaden sein.

Wie war's?
Ich hab dir geschrieben.

Kuverts mit Geschenkband
    umwickelt
        der Inhalt
So aufgeregt große Sonnen
Und verwunschene Burgen
Am Donauknie Menschen
In anderen Sprachen.

Und wusstest du Mutter
Dort unten die Daker
Kannten die Schrift nicht.
Gleich Junge
Zwischen den Steinen
Haben wir übernachtet.
Und nie das Vertrauen
Der Bulgaren und Mütter missachtet.
Sehr schön mein Junge
Die konnten nicht Schreiben nun gib
Mir den Essig aus dem Regal

Tomatensalat oder Gurkensuppe
Auch Mutter ist in Bulgarien gewesen.
Salzlakenkäse

FÜNF

Irgendwo zwischen dem Schotter
    der Weg
Hier muss es gewesen sein
Goldruten blühen.
Und über den Köpfen der Kinder
Verglühen die Kirschen

Worthaufen Geschichte
Markierung
Fußballplatz
Hunde
Die an die Rinnsteine pissen

Ein altes Fahrrad
Der Boden
Wer mit Fuß oder Knie
Ihn als Erster berührte
Hatte verloren.

Wir haben rückwärts gezählt
Und mit den Jahren den Anfang
Immer weiter zur Tausend verschoben.
Die Hunderterstellen, Zehner
Ein Trick
Der sollte am Einschlafen hindern.
Im Fensterkreuz
Beteigeuze und Sputniks.

Sechs

Am Laternenmast ein Lautsprecher
Das Kabel hängt über den Ast
Eines Alleebaums.
Die Enden verknotet ein Knacken
Ein Wortrest im Trichter.

Der lebt also auch noch.

Ein Neubaublock wächst unter vielen
Riesige Welle
Aus Fenstern Balkons
Und in Strähnen der Efeu.

Worte, die sich erheben
Großplatten Weltraum.
Worte und nur
     für kurze Zeit
Bürger
     gehen
          der Halle zu
Jedes Wort eine Stimme
Gesprochen für Bürger
Brüchig schon als Gedanke
Gebote.

Was brauchten wir denn
Ist doch ohnehin alles
Nur Licht.

Sieben

Zwischen Kaufland und Restauration
Wäsche im Wind und Polizisten
Schleichen besorgt
    weil jeder
        sie kennt
Um mehrfach gesicherte Türen.

Die Mütze im Sichtloch
Die Hemden im Korb
    die Pullover
Und wir
Haben vor Büstenhaltern gestanden
Gekichert und einander versichert
Wir wüssten
Um die Wissenschaft ihrer
Verschlüsse

Das wars schon
Was zu lernen uns blieb.

Und wir haben geschwiegen
Geschwitzt wie die Maurer.
Haben Takte gezählt
Und einer ist immer übrig geblieben.
Der musste die Tanzlehrerin nehmen.

Generalpause.

ACHT

Worte sind die
Grenze zur Welt
    die Welt
Im Duden, der Enzyklopädie
Zum System aufgestellt
Worte wolln fliehen
    zur Sprache
        sind Worte
Ihr eigener Knast
Ihre eignen Bewacher
Mit Worten gestrichen.
Das Wort
    in der Einzelzelle

Leise bewegt.

NEUN

Hier spürt man wenig vom Wetter
Hier herrscht
Ein lang andauernder Sommer
Den Falter wird's freuen.

Widerworte
    Zeitworte
Entstehen, vergehen und Berge
Stauen sich auf.

No entry, bitte
Nicht stören die Tür
Füllung aus Pappe
Alles ist hellhörig hier

  rieselt es Worte
Und der Wortfluss wird See

Ergießt sich
Als Trost dem einen
  die Katastrophe.

Geheimnisse, die man nicht ausspricht
Werden zum Abendbrot diskutiert.

Und
Als ich dich
  zum ersten Mal
    auf dem Sportplatz
Waren wir schon
Einander ein Wir.

Dabei habe ich dich
Nicht einmal angerührt.

Wir warn auf dem Sprung
Legten Goldruten um
Efeugirlanden und bräunliche Reste
  von Flieder
Blüten Garanten unserer Unkenntlichkeit.

Mit Worten verdeckt und
Ineinander verschlungen.
Versteckt sich
  die Zeit
Und spricht eine andere Sprache.
Eine Spiegelsprache.

Die Aufpasser hatten die Gabe und haben
Zwischen den Zeilen gelesen und ich
Hatte doch dort
Überhaupt nichts versteckt.

ZEHN

Eine Flasche voll Sand.
Etikett unverständlich
Und am Ende sind's zwei
    und sie sind
        auf der Durchreise
Wir haben gewunken
Und ihre Aufkleber gesammelt
Versicherungsworte, Industrieprodukte
Baby an Bord und
Verschwunden.

Mit dem Fuß zeichne ich
In betretenes Feld
    kein Ort
        der nicht schon
            gezeichnet wäre.

Gartenschlauchworte
    Kunsteisbahn
    und Kulturfolger
    Mengenlehre
                und Abraumkegel
    Russenkaserne
Jeder Quadratzentimeter
Sprache
Die wollte gelernt sein.

Spiegelworte
Verdoppeln und heben
Sich auf
Und in die Sprache hinein
Mein Beben
    ist lange verhallt.

Aber die Blätter der Pappeln

Das Silber.
Ein Zusammenstoß.
Reine Physik

ELF

Sind Wolkenworte
    in der Kaschemme
Der Multifunktionswürfel
    könnte auch eine
        Reinigung sein.
Betonabfallkörbe und Pflanzschalen
    daneben
        gießt eine Frau
Solange ich denken kann
Wasser in ein Bassin
Ein Sprayer hat ihr
Die Scham angeschrieben.
Astern und Kippen und Tüten
In denen ist Milch
    angetrocknet

Drei Männer drehen
Zigaretten am Tresen und wir
Sind viel zu lange geblieben

Hingen im Raum
Tabaksqualm Wolken
Geformt zum Sujet
Dem man nachhängt
    ehe ich gehe
Noch ein Schnaps, noch
Ein Blick und ein Wort

Keinesfalls farbecht.
Die Sonnenblumen und auch

Das Liebespaar nicht
Das sich immer schon dort
Räkelt am Strand neben der Bar
Und wird keinen Tag älter. Nur blasser.

Du bist doch der Sohn von. Ich. Ja.

In Eisenbahnwagen hatten wir
Den Ausbruch trainiert
Wortrattern Zugluft und Kunstledersitze
Ausweiskontrolle und
Beckmann in Leipzig
(Beuys in Berlin) wie auch immer.
Auf jeden Fall Dresden

Hundsworte zum Aufbruch

ZWÖLF

Worte die Spuren
Im Sand hinterlassen
Gleich meinen Füßen.
Parallel
Abstand ein Meter
Sie treffen sich in der Erdenklichkeit.
Wir gegen den Wind
Gepisst.

Am Wortsaum gestickt.
Der Elektrozaun dient den Kühen
Zur Warnung.

Inhalt

Sprechstörung

Was wir alles durchgehen ließen · 7
o. T. 1 · 8
Kommt darauf an · 9
Gefilterte Freude wird schal · 10
Herkunft · 11
Die Anatomie/Das Erkennen · 12
landein · 14
Die Überschrift · 15
Reisefieber · 16
In Begleitung immer · 18
Bruno oder Von dem Einen · 19
Ex Archia · 20
Nachtrag · 22
o. T. 2 · 23

Gegenläufig

Spüre ein Leben · 27
Wir hielten das Tau · 28
Sie gewähren Einlass · 30
Vertrautheit · 32
Ausübung 1 · 35
Ausübung 2 (Paralleluniversum) · 36
Ausübung 3 · 37
Historisch gesehen · 39

Auf Bildern mit mir

Du seist sagtest du auf Bildern mit mir · 43
Nach der Nacht · 46
Und war · 47
Dir zu gefallen halte ich lange · 49

Epiphanie · 50
Die Tür. Die Maske. Der Abschied. · 52
Aus dem Gebirge · 53

Rückkunft

E = mc² · 57
Wir (wollten Partisanen sein) · 58
Einer ging fort und ich hatte · 60
Rekultiviert · 62
Hausmusik in Weimar · 64
Im Licht · 66
Winter kurz vor Borna · 68
Schienen · 70
Aufgeräumt · 72
Martinsfest · 73

Den Vätern und Müttern ein Land

Eins · 77
Zwei · 77
Drei · 79
Vier · 80
Fünf · 81
Sechs · 82
Sieben · 83
Acht · 84
Neun · 84
Zehn · 86
Elf · 87
Zwölf · 88